保育 知っておきたい！シリーズ ❷

現場アンケートから厳選！ 保育者必須

いつもの手遊びを もっと楽しく

植田光子／監修　島津多美子・落岩喜久子／著

もくじ

- はじめに ……… 2
- 本書はここが違う！ ……… 2〜3

♪ 子どもが好きな手遊び

1. いとまき ……… 4〜7
2. はじまるよはじまるよ ……… 8〜11
3. むすんでひらいて ……… 12〜15
4. あたまかたひざポン ……… 16〜19
5. おおきなくりのきのしたで ……… 20〜23
6. いっぽんばしにほんばし ……… 24〜27
7. とんとんとんとんひげじいさん ……… 28〜31
8. グーチョキパーでなにつくろう ……… 32〜35
9. おてらのおしょうさん ……… 36〜39
10. バスにのって ……… 40〜43
11. おべんとうばこのうた ……… 44〜47
12. ピクニック ……… 48〜51
13. カレーライスのうた ……… 52〜55
14. おちたおちた ……… 56〜59
15. あなたのおなまえは ……… 60〜63

春夏秋冬……子どもが好きな手遊び

16. あくしゅでこんにちは ……… 64〜67
17. すいかのめいさんち ……… 68〜71
18. やきいもグーチーパー ……… 72〜75
19. ごんべさんのあかちゃん ……… 76〜79

ひかりのくに

はじめに

「はじまるよったら　はじまるよ〜」保育者が歌い出すと子どもたちは「何がはじまるの？」と集まってきます。

お誕生会では「いとまきまき……○○さんのおくつ」と何よりのお歌でのプレゼントをもらった子どもたちは大喜び。手遊びは子どもたちを楽しく引き付けます。

保育の技術としての手遊びは保育者にとって必須。その中でもぜひ知っておいてほしい曲をよりすぐって選び、また、展開のヒントやその実際なども参考になればと加えてこの本に載せてみました。

いつでもどこでも機会をじょうずにとらえ、保育の中に加えると、よりいっそう楽しくワクワクする気持ちになるのが手遊び。子どもたちといっしょにやってみましょう。みんなが覚えたらその場の雰囲気に合わせた言葉や動作に変えてチャレンジするのもいいと思います。保育の幅も広がり、遊びも楽しく展開します。子どもたちの目が輝き、保育が充実してくるのを実感として味わうことができるでしょう。

手遊びは保育の魔術師。ひとりひとりの保育者が子どもたちと一体になり、表情豊かに楽しんでいる姿、笑顔と笑顔が広がるとき、きっと今までよりステップアップした、キラキラと子どもたちの目が輝く心の通った保育が展開していくことでしょう。

島津多美子

本書はここが違う！

本書は、現場アンケートから ♪**子どもが好きな手遊び** を19曲厳選!! その手遊びを、遊び・生活のいろんな場面で生かせるアイディアを **保育の 遊び・生活の 中で どんどん 広がる！ もっと 使える！** のページで紹介しています。現場からの保育につながる情報がいっぱいです！

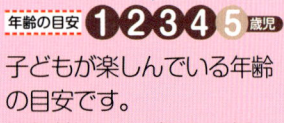

年齢の目安 1 2 3 4 5 歳児
子どもが楽しんでいる年齢の目安です。
低年齢児はひざの上で揺れるだけでもOK！

♪子どもが好きな手遊び ③　年齢の目安 1 2 3 4 5 歳児
むすんでひらいて

年齢を問わず、だれもが知っている手遊びです。いつでも、どこでも、「どんなときでも」歌って、繰り返し歌いたくなる曲です。

基本の遊び方

❶ むすんで
両手を握り、上下に軽く4回振る。

❷ ひらいて
手を開いて、上下に軽く4回振る。

❸ てをうって
拍手を4回する。

❹ むすんで
手を握って、3回上下に振る。

❺ またひらいて
❻ てをうって

❼ そのてを
❽ うえに
両手を開いて、上にあげる。

❾ むすんで
❶と同じ。

❿ ひらいて
❷と同じ。

⓫ てをうって
❸と同じ。

⓬ むすんで
❶と同じ。

現場からのヒント　子どもも大スキ！定番の動きはココ！
「握って」「開いて」「たたいて」の、3つの簡単な動きが子どもたちは大好き！何度も何度も繰り返し楽しみます。手を上にあげるときは、解放感いっぱいにバンザイ！
年齢に合わせて、手の動作をいろいろ工夫して変化させてもいいですね。

むすんでひらいて
作詞不詳　作曲 J.J.ルソー

●次ページに、「むすんでひらいて」の保育につながる情報がいっぱい！

ここが違う！ ❶ 子どもが大好き！のポイントがわかる！

先輩保育者 タミちゃん先生 キクちゃん先生
子どもも大スキ！ 定番の動きはココ！
現場からひとこと

現場の先輩保育者 タミちゃん先生 と キクちゃん先生 が子どもの大好きな動きをお伝えします。
子どもは"好き"だからこそ楽しい！
保育者の動きのヒントも紹介します！

ここが違う！ ❷ 保育が深まる 4つのヒントつき！

子どもの気持ち・姿に寄り添う
子どもの気持ちや姿をとらえる視点がわかります。

子どもの発想力を引き出す
子どもの発想力を引き出すことばがけやヒントを紹介しています。

保育力up！
子どもに合わせたちょっとしたアレンジや、保育の中での取り入れ方、生かし方を紹介しています。

保育の発展
次の遊びへの展開などを紹介しています。

ほかにも

そのてはおひざに
…きちんと集合するときの合図のように！

毎日の保育で使える、楽しい・うれしい生かし方を紹介しています。

- 活動の始まり
- いつもと違う動き
- 大好きが伝わるね
- ごっこ遊びへ
- 友達と仲よくなるきっかけに
- 楽しみながら身につけよう　など

手遊びの常識

❶ 子どもが好きな手遊びで、とことん遊ぼう！
❷ 子どもといっしょに、保育者も楽しもう！
❸ 子どものようすで、どんどんアレンジしよう！
❹ 子どもの前でするときは、左右逆でしよう！
❺ どの年齢でもOK！低年齢児は、ひざの上に乗せて、リズムに乗って楽しもう！

子どもが好きな手遊び ❶ 　年齢の目安 **1** 2 3 4 5 歳児

いとまき

「だれの靴を作ろうかな〜？」と語りかけると、「つぎはぼく！ つぎはわたし！」と、注目が集まり、ワクワクドキドキした楽しい気分になる手遊びです。

基本の遊び方

❶ いとまきまき いとまきまき

かいぐりをする。

❷ ひいてひいて

横にこぶしを引っ張る。

❸ トントントン

腕の前で、こぶしを3回交互に合わせる。

❹ いとまきまき いとまきまき

❶と同じ。

❺ ひいてひいて

❷と同じ。

❻ トントントン

❸と同じ。

❶ いとまき

７ できたできた
手拍子を７回する。

８ こびとさんのおくつ
腕を上から下へ、キラキラさせながらおろす。

現場からひとこと　先輩保育者 タミちゃん先生 キクちゃん先生

子どもも大スキ！定番の動きはココ！

低年齢児も大好きな「かいぐり」の動きです。保育者は、左右上下に体を大きく動かして表情豊かに行ないましょう。
「かいぐり」する速度に変化を付けても楽しいでしょう。

いとまき

作詞不詳　外国曲

いとまきまき　いとまきまき　ひいて　ひいて　トントントン
できた　できた　こびとさんの　おくつ

● 次ページに、『いとまき』の保育につながる情報がいっぱい！ ➡

保育の 遊び・生活の 中で どんどん 広がる！ もっと 使える！

遊び・生活のいろんな場面でいつも楽しむ定番にしていると子どもたちの「ワクワク」につながります。

❶ いとまき のいろいろアレンジなど

❶❷…の番号は、前ページを参照してください。

○○ちゃんのおくつ
…私のくつ！うれしいな！

❽「こびとさんのおくつ」のところに、子どもの名前を当てはめると喜びますよ。子どもは、自分に注目されるのが大好きです。

♪ち〜かちゃんのおくつ
はいどうぞ！
わ〜い！

子どもの気持ち・姿に寄り添う
自分の名前を呼んでもらえることで、安心感、満足感が得られます。手渡しぐさをするときは、目と目を合わせましょう。

つぎはだれちゃんのおくつにしようかな？
ぼく〜！
わたし〜！

ゾウさん、アリさんのおくつ
…大きさの違いに大盛り上がり

いろいろな動物の靴を作る設定で遊びましょう。ゾウやアリといった、大小の差があるのがおもしろいです。

♪で〜きたできたゾウさんのおくつ
おおきい！
ちいさい
♪アリさんのおくつ

大きい大きいゾウさんのおくつにはアリさんやみんなのおくつが入りそうね！

保育の発展
遊んでいるうちに、自分の靴と、それぞれの動物の靴の大きさ比べに発展していってもいいですね。

❶ いとまき のいろいろアレンジなど

「ひいてひいて」「トントントン」「できたできた」の歌詞は、もの作りの楽しさや満足感につながります。これをヒントに、例えば作品展の前に歌ったり、母の日や父の日製作の場面などで歌ってみたりするのもいいですね。子どもの意欲もアップ！　歌詞を変えて歌ってもOK！

できた！　できた！
…作るって楽しいな！

♪いーろをぬりぬり　いーろをぬりぬり〜
♪かーみを はりはり　かーみを はりはり
♪でーきた できた　おかあさんの ペンダント

○○ちゃんへのプレゼント
…プレゼント交換のときにも

誕生会、クリスマス会、お別れ会、卒園式など、プレゼントを渡すときに歌ってあげると大喜びします。最後に、「♪できたできた○○ちゃんにプレゼント！はい、どうぞ！」

♪で〜きた できた　○○ちゃんに プレゼント　はい どうぞ

子どもが好きな手遊び ❷ 年齢の目安 ①②③④⑤歳児

はじまるよはじまるよ

「はじまるよったら はじまるよ」の歌が始まると、子どもたちはしぜんに保育者の周りに集まります。絵本や紙芝居などを聞く準備段階にピッタリです。

基本の遊び方

1番 ❶ はじまるよ はじまるよ
はじまるよったら はじまるよ

左右で3回ずつ手をたたく。(2回繰り返す)

❷ いちといちで 
ひとさし指を片方ずつ出す。

❸ にんじゃだよ 
忍者が変身するポーズをする。

❹ 「ドローン」 
横に振る。

2番 ❶ は **1番** と同じ。

❷ にとにで 
2本の指を立て、片方ずつ出す。

❸ かにさんだよ 
カニのはさみの形で、左右に振る。

❹ 「チョキーン」 
切るしぐさをする。

3番 ❶ は **1番** と同じ。

❷ さんとさんで 
3本の指を立て、片方ずつ出す。

❸ ねこのひげ 
ほおでネコのひげを作る。

❹ 「ニャオーン」 
招きネコの手をする。

4番 ❶ は **1番** と同じ。

❷ よんとよんで 
4本の指を立て、片方ずつ出す。

❸ たこのあし 
体の前でユラユラと手を揺らす。

❷ はじまるよはじまるよ

❹「ヒューン」 
横に飛んで行くように振る。

5番 ❶は❶番と同じ。
❷ ごとごで 
5本の指を立て、片方ずつ出す。

❸ てはおひざ 
両手をひざの上におろす。

先輩保育者現場からひとこと
子どもも大スキ！定番の動きはココ！

変身後の❹「ドローン」や❹「チョキーン」などの擬音・擬態語が子どもは大好きです。大きな動きで、楽しんで表現するといいですね。
また、「○○ちゃんに注目！」と順番に注目していくと、大ハリキリする姿が見られますよ。

はじまるよはじまるよ
作詞・作曲不詳

1.～5. はじまるよ　はじまるよ　はじまるよったら　はじまるよ

	1	2	3	4
1.	いち　とーとーと　いちー　でーでーで　にかねて　じゃんけんのお　よげし	「ドローン」
2.	にーとーとーと　にーー　でーでーで　にかねて　じゃんけんのお　よげし	「チョキーン」
3.	さん			「ニャオーン」
4.	よん			「ヒューン」
5.	ごー			

● 次ページに、『はじまるよはじまるよ』の保育につながる情報がいっぱい！ ➡

保育の 遊び・生活の 中で どんどん 広がる！ もっと 使える！

遊び・生活のいろんな場面でいつも楽しむ定番にしていると子どもたちの「ワクワク」につながります。

❷ はじまるよはじまるよ のいろいろアレンジなど

❶❷…の番号は、前ページを参照してください。

なにがはじまるの〜!?
… 活動の始まりに期待がいっぱい！

「何が始まるんだろう!?」と、子どもたちは興味津々でやって来ます。期待で気分はワクワク！ 目はキラキラ！ 朝礼時はもちろん、次の活動を考えた「はじまるよ」を工夫しましょう。

保育力up！
次の活動の内容によって、テンションや終わり方のテンポなどを工夫するとよいでしょう。保育者がいつも何か楽しいことを提供してくれる人でありますように…。

❷ はじまるよはじまるよ のいろいろアレンジなど

小さな声ではじまるよ〜！
…ひそひそ声が効果的

ふだんより小さめの声でやってみましょう。ひそひそ声はなぜか気になるもので、注目度もアップします。小さな声効果は、状況によってうまく使えます。

なにかな？
ん？なにがはじまるの？
なーにー？
♪はじまるよ…はじまるよ…

保育力up！
次の活動を落ち着いたものにしたいときや、集中させたいときなどは、特に、最後のテンポをゆっくりにして終わりましょう。

ちょこっと変えて
…いつもと違う動きに楽しさ倍増！

指の数を合わせてできるもののバリエーションです。ほかにもいろいろ考えてやってみましょう。

⭐**1番** いちといちで　おやまだよ　のこのこ

⭐**1番** いちといちで　おやねだよ　つんつん

⭐**2番** にとにで　めがねだよ　にこにこ

⭐**2番** にとにで　つりばしだ　ゆらゆら

⭐**3番** さんとさんで　おひさまだ　きらきら

⭐**3番** さんとさんで　かえるの　おくち

4番 **5番** は共通

⭐**4番** よんとよんで　おばけだよ　ひゅるる〜

⭐**5番** ごとごで　てはおひざ

♪ **子どもが好きな手遊び ❸**　年齢の目安 **①②③④⑤**歳児 ♪

むすんでひらいて

年齢を問わず、だれもが知っている手遊びです。「いつでも」、「どこででも」、「どんなときでも」歌えて、繰り返し歌いたくなる曲です。

基本の遊び方

❶ むすんで 
両手を握り、上下に軽く4回振る。

❷ ひらいて 
手を開いて、上下に軽く4回振る。

❸ てをうって 
拍手を4回する。

❹ むすんで 
手を握って、3回上下に振る。

❺ またひらいて 
❷と同じ。

❻ てをうって 
❸と同じ。

❼ そのてを 
❸と同じ。

❽ うえに 
両手を開いて、上にあげる。

❾ むすんで 
❶と同じ。

❸ むすんでひらいて

⑩ ひらいて 
❷と同じ。

⑪ てをうって 
❸と同じ。

⑫ むすんで 
❹と同じ。

先輩保育者 現場からひとこと
子どもも大スキ！定番の動きはココ！

「握って」「開いて」「たたいて」の、3つの簡単な動きが子どもたちは大好き！何度も何度も繰り返し楽しみます。
手を上にあげるときは、解放感いっぱいにバンザイ！
年齢に合わせて、手の動作をいろいろ工夫して変化させてもいいですね。

バンザイ！

むすんでひらいて

作詞不詳　作曲：J.J.ルソー

む す ー ん で ひ ら い て て を ー
うって むーすんで *Fine* またひらいて
てを うって そのー てを うえに *D.C.*

● 次ページに、『むすんでひらいて』の保育につながる情報がいっぱい！➡

保育の 遊び・生活 の 中で どんどん 広がる！ もっと 使える！

遊び・生活のいろんな場面でいつも楽しむ定番にしていると子どもたちの「ワクワク」につながります。

❸ むすんでひらいて のいろいろアレンジなど

❶❷…の番号は、前ページを参照してください。

そのては〜？
…イメージを広げてたくさん遊ぼう！

❼「そのてを〜」の後、前、横、上、下などにそれぞれ手を移動させ、その位置や動きをヒントにしたものになって❾以降を続けて遊びましょう。

---

❼ そのてを　❽ 前に
❾ 自動車　ブッブー　❿ 自動車　ブッブー
⓫ 自動車　ブッブー　⓬ 走ります

両手を前に出し、ハンドルを握るようにする。

---

❼ そのてを　❽ 横に
❾ ヒコウキ　ブンブン　❿ ヒコウキ　ブンブン
⓫ ヒコウキ　ブンブン　⓬ 飛んでます

両手を横に伸ばして、走り回る。

---

❼ そのてを　❽ 上に
❾ おひさま　キラキラ　❿ おひさま　キラキラ
⓫ おひさま　キラキラ　⓬ 光ってる

両手を上にあげてキラキラする。

---

❼ そのてを　❽ 横に
❾ ドレスが　ユラユラ　❿ ドレスが　ユラユラ
⓫ ドレスが　ユラユラ　⓬ お姫さま

ドレスのすそをつまんでヒラヒラ踊る。最後はキメポーズ。

14

❸ むすんでひらいて のいろいろアレンジなど

❼「そのてを〜」の後、「おひざに」と歌って手をひざに置きます。歌詞にはありませんが、長年現場でも歌い継がれてきた定番のフレーズです。途中、いろんなアイテムを入れて楽しく体を動かして発散した後は、心も体も徐々に静かに落ち着いていきます。次の保育に移る準備段階にうってつけの動作といえます。

そのては おひざに
…きちんと集合するときの合図のように！

♪その手を おひざに

つぎはきっと かみしばいが はじまるんだ

なにか いいこと あるよ！

保育力up!
お話や紙芝居などを控えた、集中したい活動の前に取り入れてみてもいいですね。昼食の前に「その手を合わせて」にして、「いただきます」につなげてもいいです。次の楽しいことを期待させる保育者であるようにがんばりましょう。

曜日の名前で歌おう！
…今日は何曜日？ 覚えられるよ！

1週間の名前を覚えるのにピッタリです。月曜日からスタートしますが、慣れたら違う曜日から始めたりして歌っても楽しいです。最後は、当番が何曜日と聞いて、みんなが答えてもOK。

❶月よう火よう ❷水よう ❸木よう ❹金よう土よう ❺日 ❻よう日
❼1週間のお名前ですよ ❽そうして（ハイハイ）今日は何よう日？

♪ハイハイ きょうは なんようび？

♪げつよう　♪かよう　♪すいよう　♪もくよう　♪きんよう　♪どよう　♪にちようび

♪ 子どもが好きな手遊び ④　年齢の目安 **1 2 3 4 5** 歳児 ♪

あたまかたひざポン

体の部位の名称を、歌いながら楽しく覚えられる手遊びです。
低年齢児には、特に人気があります。

基本の遊び方

① あたま 
両手で頭を触る。

② かた 
両手で肩を触る。

③ ひざ 
両手でひざを触る。

④ ポン 
拍手をする。

⑤ ひざ
③と同じ。

⑥ ポン
④と同じ。

⑦ ひざ
③と同じ。

⑧ ポン
④と同じ。

⑨ あたま
①と同じ。

⑩ かた
②と同じ。

⑪ ひざ
③と同じ。

⑫ ポン
④と同じ。

❹ あたまかたひざポン

⑬ め / ⑭ みみ / ⑮ はな / ⑯ くち

ひとさし指で目尻を軽く触る。　両耳を押さえる。　両手で鼻を押さえる。　両手で口を軽く押さえる。

先輩保育者 現場からひとこと
子どもも大スキ！定番の動きはココ！

歌に合わせて体の部位をタッチしていく動きが子どもたちは大好き！
年齢に合わせて、部位の名称を変えたり、速度を変えていくと、よりいっそう楽しい手遊びになります。

「おしり」「おへそ」

あたまかたひざポン

作詞不詳　イギリス民謡

あ　た　ま　か　た　ひ　ざ　ポン　ひ　ざ　ポン　ひ　ざ　ポン
あ　た　ま　か　た　ひ　ざ　ポン　め　みみ　はな　くち

● 次ページに、『あたまひざかたポン』の保育につながる情報がいっぱい！ ➡

保育の 遊び・生活の 中で どんどん 広がる！ もっと 使える！

遊び・生活のいろんな場面でいつも楽しむ定番にしていると子どもたちの「ワクワク」につながります。

❹ あたまかたひざポンのいろいろアレンジなど

❶❷…の番号は、前ページを参照してください。

ふたりでポンポン
…仲よし遊びでやさしくね！

向かい合って2人1組でやってみましょう。お互いに相手の部位にタッチします。⓭からの顔の部位は自分のをタッチします。

♪あーたま かーた　♪ポン

保育力up！
低年齢児の場合は、触らせてあげてもいいですね。

テンポを変えて
…ゆ～っくりや大急ぎ！でおおあわて！

テンポを変えて遊びます。全編をゆっくり歌ったり、最後だけ速く歌ったりします。また、❶～❽の前半と、❾～⓰の後半に分けて、それぞれテンポを変えて歌ってもいいですね。

♪あ～たま～ か～た～ ひ～ざ～
ゆ～っくり

♪あたま かた ひざポン
♪ひざポン ひざポン
はやく！

④ あたまかたひざポン のいろいろアレンジなど

英語で歌おう！
…英語にチャレンジで楽しさいっぱい！

英語の歌詞でチャレンジしてみましょう。単語と部位をしっかり対応させて覚えましょう。

- ヘッド head
- アイ eye
- ノウズ nose
- イヤー ear
- マウス mouth
- ショルダー Shoulder
- ニー knee
- トゥー toe

Head, Shoulders, Knees and Toes
イギリス曲

Hea - d shoul - ders knees and toes, knees and toes,
Hea - d shoul - ders knees and toes, knees and toe - s, A - nd
eyes and ears and mo - uth a - nd nose,
Hea - d shoul - ders knees and toes, knees and toes.

保育力up！ メロディに乗って歌うと、英語は覚えやすくなります。

最後にギュ！
…大好きが伝わるね！

最後の⑯を口ではなく、隣にいる人や好きな友達にポンとタッチします。保育参観のときなど、お母さんやお父さんにタッチをして、お返しにしっかりハグをしてもらってもいいですね。

♪め みみ はな
♪はなちゃん
♪しんちゃん
ポン

♪め みみ はな おかあさん！
ギュ〜

♪ **子どもが好きな手遊び ⑤** 　年齢の目安 **1 2 3 4 5** 歳児 ♪

おおきなくりのしたで

子どもだけでなく、大人もよく知っている手遊びなので、親子集会のときなどにも使いたい1曲です。向かい合ってすると親近感もいっそう高まり、知らない人とでもすぐ仲よしになれるでしょう。

基本の遊び方

① おおきなくりの 
両手で頭の上に円を作る。

② きの 
両手を頭に当てる。

③ した 
両手を両肩に当てる。

④ で 
両手を下におろす。

⑤ あなたと 
右手のひとさし指を出し、相手をさす。

⑥ わたし 
右手のひとさし指で自分を2回さす。

⑦ なか 
右手を左肩に当てる。

⑧ よく 
左手を右肩に当て、腕を交差させる。

⑨ あそびましょう 
体を左右に揺らす。

❺ おおきなくりのきのしたで

❿ おおきなくりの
❶と同じ。

⓫ きの
❷と同じ。

⓬ した
❸と同じ。

⓭ で
❹と同じ。

現場からひとこと 先輩保育者 タこちゃん先生 キクちゃん先生

子どもも大スキ！定番の動きはココ！

❶❿「おおきな…」の部分をいろいろアレンジして歌うと何通りも楽しめます。このとき、声の大きさや動作を一体化させて、少しオーバーぎみな表現でお手本を示しましょう。愉快な雰囲気がよく伝わります。

おおきなくりのきのしたで

作詞不詳　イギリス民謡

おおきなくりの　きのしたで　あなたとわたし
なかよく　あそびましょう　おおきなくりの　きのしたで

● 次ページに、『おおきなくりのきのしたで』の保育につながる情報がいっぱい！　➡

保育の 遊び・生活の 中で どんどん 広がる！ もっと 使える！

遊び・生活のいろんな場面でいつも楽しむ定番にしていると子どもたちの「ワクワク」につながります。

❺ おおきなくりのきのしたで のいろいろアレンジなど

❶❷…の番号は、前ページを参照してください。

〇〇ちゃんとわたし
…友達と仲よくなるきっかけに！

いろんな人とペアを組み、相手の名前を呼んで仲よしになりましょう。ワクワクしながら相手と出会える態勢も工夫して。途中 ❼❽❾「なかよく あそびましょう」の振り付けも変えて、仲よし気分がいっそう高まります。仲よくなるきっかけに、友達づくりの第一歩にピッタリです。

❶ おおきなクリの
❷～❹ きのしたで

向かい合って、P.20の❶～❹をする。

❺ 〇〇ちゃんと
♪しんちゃんと
♪めぐちゃんと

相手の名前を言いながら相手を指さす。

❻ わたし
♪わたし ♪わたし

自分を指さす。

❼ なか

相手と、片方の手をつなぐ。

❽ よく

もう片方の手をつなぐ。

❾ あそびましょう

左右に揺らす。

❿～⓭ おおきなくりのきのしたで

❶～❹と同じ。

保育力up！ いろんな隊形でやってみましょう。たくさんの友達と触れ合えるといいですね。

〈2重円〉
1曲終わったら、内側は時計回り外側は反時計回りで進んでペアを替える。

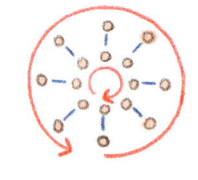

〈2列〉
1曲終わったら、片方の列がずれて、1番後ろの子は先頭に行く。

〈さまざまに〉
1曲終わったら、ほかの子を探してペアになる。

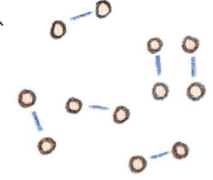

❺ おおきなくりのきのしたで のいろいろアレンジなど

❶「おおきなくりの」❷❸❹「きのしたで」ところを、いろいろな種類の木に替えて歌ってみましょう。クリの季節だけでなく、いつでも楽しめます。

いろんな木の下で！
…春・夏・秋・冬、一年中使える！

春 ❶ おおきなサクラの ❷❸❹ きのしたで

花びらが散っていくイメージで、手を横でヒラヒラさせる。

夏 ❶ おおきなヤシの ❷❸❹ きのしたで

フラダンスを踊るように、手を波打たせるような動作をする。

秋 ❶ おおきなモミジの ❷❸❹ きのしたで

紅葉のイメージを表現できるように、両方のほっぺの横に両手をパッと広げる。

冬 ❶ おおきなモミの ❷❸❹ きのしたで

モミの木はクリスマス飾りをする木よ！

クリスマスの飾りがキラキラ輝くイメージで、両手をキラキラさせる。

保育力up！ 散歩や遠足などで見つけた身近な木を取り上げてもいいですね。歌った後に、サクラやモミジ、イチョウの葉を拾いに行くと、子どもにとって、すばらしい体験になります。

子どもが好きな手遊び ❻   年齢の目安 ❶ ❷ ❸ ❹ ❺ 歳児

いっぽんばしにほんばし

子どもたちの想像を膨らませることができる手遊びです。
遊びながら、数字に興味や関心を向けることもできるでしょう。

基本の遊び方

1番

❶ いっぽんばし いっぽんばし 
ひとさし指を片方ずつ出す。

❷ おやまになっちゃった 
両手のひとさし指の先を合わせる。

2番

❶ にほんばし にほんばし 
2本の指を片方ずつ出す。

❷ めがねになっちゃった 
2本の指を開いて、目に付ける。

3番

❶ さんぼんばし さんぼんばし 
3本の指を片方ずつ出す。

❷ くらげになっちゃった 
3本の指を出し、おなかの辺りでフラフラさせる。

❻ いっぽんばしにほんばし

4番

① よんほんばし よんほんばし 
4本の指を片方ずつ出す。

② おひげになっちゃった 
手のひらを内側にして、4本の指をほおに付ける。

5番

① ごほんばし ごほんばし 
5本の指を片方ずつ出す。

② ことりになっちゃった 
5本の指を広げて、ヒラヒラさせる。

先輩保育者 現場からひとこと
子どもも大スキ！定番の動きはココ！

指が増えるにつれて、違ったものになっていくところが、子どもたちは大好きです。
1番〜**5番**を通して、**①**の指を出す部分で「何ができるかな？」と期待を膨らませながら進めます。**②**「〜になっちゃった」の部分は、子どもたちの声をひとりひとり取り上げてもいいですね。

♪いっぽんばし いっぽんばし…
何ができるかな？

いっぽんばしにほんばし

作詞：湯浅とんぼ　作曲：中川ひろたか

1. いっ ぽん ば し　いっ ぽん ば し　おやまに なっ ちゃっ た
2. に ほん ば し　に ほん ば し　めがねに なっ ちゃっ た
3. さん ほん ば し　さん ほん ば し　くらげに なっ ちゃっ た
4. よん ほん ば し　よん ほん ば し　おひげに なっ ちゃっ た
5. ご ほん ば し　ご ほん ば し　ことりに なっ ちゃっ た

● 次ページに、『いっぽんばしにほんばし』の保育につながる情報がいっぱい！ ➡

25

保育の遊び・生活の中でどんどん広がる！もっと使える！

遊び・生活のいろんな場面でいつも楽しむ定番にしていると子どもたちの「ワクワク」につながります。

❻ いっぽんばしにほんばし のいろいろアレンジなど

❶❷…の番号は、前ページを参照してください。

もっとあるよ！楽しいアイディア！
…子どもたちにも聞いてみよう！

1〜5まで出す指の形でほかに何ができるか考えてみましょう。2人でしたり、みんなでしたりというアイディアもいいですね。

1番
- ❶ いっぽんばし いっぽんばし
- ❷ オニさんになっちゃった

- ❷ 宇宙人になっちゃった 
- ❷ まゆ毛になっちゃった

2番
- ❶ にほんばし にほんばし
- ❷ カニさんになっちゃった

- ❷ ネコちゃんのお耳 
- ❷ 笑顔でピース

3番
- ❶ さんぼんばし さんぼんばし
- ❷ ニワトリになっちゃった

- ❷ ヒヨコのお口 
- ❷ フォークで食べよ！

❻ いっぽんばしにほんばし のいろいろアレンジなど

4番
① よんほんばし よんほんばし
② タコさんになっちゃった

② お料理トントントン！

5番
① ごほんばし ごほんばし
② オバケになっちゃった

ひゅ〜
こわくないもん！

おばけだよー
キャーッ

子どもの気持ち・姿に寄り添う

おもしろい、怖い！ が大好きな子どもたちです。楽しく盛り上がりますよ。

② イカさんが泳いでる

② トントン前になっちゃった

しゅ
トントン

保育力up!
いろいろ組み合わせて楽しみましょう。

27

子どもが好きな手遊び ❼　年齢の目安 １２３４５歳児

とんとんとんとんひげじいさん

年齢を問わず楽しめます。言葉を変えたり、合いの手を入れたりすることで楽しさも倍増。保育の導入部分に入れると、後の活動がスムーズにいきそうですね。

基本の遊び方

① とんとんとんとん 
両手をグーにして、上下交互にたたく。

② ひげじい 
右手をグーにして、あごの下に付ける。

③ さん 
左手もグーにして、右手のグーに付ける。

④ とんとんとんとん 
①と同じ。

⑤ こぶじい 
右手をグーにして、右ほおに付ける。

⑥ さん 
左手をグーにして、左ほおに付ける。

⑦ とんとんとんとん 
①と同じ。

⑧ てんぐ 
右手をグーにして、鼻に付ける。

⑨ さん 
右手のグーに、左手のグーを付ける。

⑩ とんとんとんとん 
①と同じ。

⑪ めがね 
右手のひとさし指と親指で輪を作り、右目に当てる。

⑫ さん 
左手のひとさし指と親指で輪を作り、左目に当てる。

❼ とんとんとんとんひげじいさん

⑬ **とんとんとんとん**
①と同じ。

⑭ **てをうえに** 
両手を上にあげる。

⑮ **らんらんらんらん** 
手のひらをこきざみに振りながら、腕をおろす。

⑯ **てはおひざ** 
手のひらをひざに置く。

先輩保育者 タミちゃん先生 キクちゃん先生 現場からひとこと

子どもも大スキ！定番の動きはココ！

「とんとんとんとん」は子どもの大好きな繰り返しの動作です。表現はオーバーぎみにしましょう。
落ち着きが欲しい次の保育の導入には、最後の⑯「てはおひざ」がポイントです。

とんとんとんとんひげじいさん

作詞不詳　作曲：玉山英光

とん とん とん とん　ひげ じい さん　とん とん とん とん　こぶ じい さん
とん とん とん とん　てん ぐ さん　とん とん とん とん　めがね さん
とん とん とん とん　て を うえ に　らん らん らん らん　て は お ひざ

● 次ページに、『とんとんとんとんひげじいさん』の保育につながる情報がいっぱい！　➡

29

保育の 遊び・生活の 中で どんどん 広がる！もっと 使える！

遊び・生活のいろんな場面でいつも楽しむ定番にしていると子どもたちの「ワクワク」につながります。

❼ とんとんとんとんひげじいさん のいろいろアレンジなど

❶❷…の番号は、前ページを参照してください。

❷❸「ひげじいさん」❺❻「こぶじいさん」❽❾「てんぐさん」⓫⓬「めがねさん」のところに、「合の手」でズッコケな手の動作を入れて、子どもたちの笑いを誘ってみましょう。

ズッコケ！ 合いの手
…笑いを入れて盛り上がろう！

❶ とんとんとんとん　❷❸ ひげじいさん
プチン　プチン…グーにした手を片方ずつ、ひげがちぎれたように、ビュンと伸ばす。

❹ とんとんとんとん　❺❻ こぶじいさん
ポロッ　ポロッ…グーにした手を片方ずつ、下に落とすように下げる。

❼ とんとんとんとん　❽❾ てんぐさん
ポキッ　ポキッ…グーにした手を片方ずつ、鼻が折れたように下げる。

❿ とんとんとんとん　⓫⓬ めがねさん
ズリッ　ズリッ…めがねにした手を片方ずつ、めがねがずれたように下げる。

保育力up！ 普通のテンポから徐々に速くしていったり、突然遅くしたりして緩急をつけると、遊びもおもしろさが増すでしょう。

❼ とんとんとんとんひげじいさん のいろいろアレンジなど

動物バージョン
…子どもが大好きな動物が登場！

「○○じいさん」「○○さん」を動物に変えて、「合いの手」の動作に鳴きマネ遊びを入れて楽しんでもいいですね。ここでは、動物がだんだん大きくなっていきますよ。ほかにも考えてみましょう。

❶ とんとんとんとん
❷❸ ネズミちゃん…グーにした手を片方ずつあごの下に添える。
チュー！…手首を小さく前へ動かす。

❹ とんとんとんとん
❺❻ 子ネコちゃん…グーにした手を片方ずつ顔の横に添える。
ニャー！…グーにした手をそれぞれ上下して、手招きをする。

❼ とんとんとんとん
❽❾ ウサギさん…グーにした手を片方ずつ上へあげる。
ピョン！…ジャンプする。

❿ とんとんとんとん
⓫⓬ タヌキさん…グーにした手で、交互に腹を軽くたたく。
ポンポン！…もう1度⓫⓬を繰り返す。

⓭ とんとんとんとん ⓮ てをうえに
⓯⓰ フサフサフサフサ ライオンさん…パーにした手を、大きく動かしながらおろす。
ガオー！…かみつくようなしぐさをする。

子どもの気持ち・姿に寄り添う

子どもは擬音語や擬態語、鳴き声などが大好きです。P.30の「プチン」「ポロッ」、P.31の「チュー」「ニャー」「ピョン」などに大喜びするでしょう。特に小さな子どもは、その部分だけを繰り返して楽しんでいることも多いです。

子どもが好きな手遊び ８ 　年齢の目安 １ ２ ３ ４ ５ 歳児

グーチョキパーでなにつくろう

ジャンケンの基本、グー、チョキ、パーを楽しく覚えるのに最適の手遊びです。
手と手を合わせるといろいろな物ができていくので、変身ごっこにも発展します。

基本の遊び方

1番

❶ グーチョキパーで　グーチョキパーで

歌に合わせて、両手でグーチーパーを出す。

❷ なにつくろう　なにつくろう

両手をパーにして、左右に揺らす。

❸ みぎてがチョキで

右手でチョキを出す。

❹ ひだりてもチョキで

左手もチョキを出す。

❺ かにさん　かにさん

指先を開いたり閉じたりしながら、顔の前で揺らす。

2番　❶❷は1番と同じ。

❸ みぎてがパーで

右手でパーを出す。

❹ ひだりてもパーで

左手もパーを出す。

❺ ちょうちょ　ちょうちょ

親指と親指をくっつけて、ヒラヒラさせる。

❽ グーチョキパーでなにつくろう

3番 ❶❷は**1番**と同じ。
❸ みぎてがチョキで

右手でチョキを出す。

❹ ひだりてがグーで

左手でグーを出す。

❺ かたつむり かたつむり

チョキをした手の甲に、左手のグーを乗せる。

先輩保育者 現場からひとこと

子どもも大スキ！定番の動きはココ！

ジャンケンのグーチョキパーでいろんなものができることが変身ごっこのようで、子どもたちは大好きです。
「右手と左手で何ができる？」と聞くと、その答えが返ってくるのがいいですね。自由な発想を褒め、どんどん広がるように導いていきましょう。

チョキとチョキで　まど！
グーとチョキで　おうち！

グーチョキパーでなにつくろう

作詞不詳　外国曲

1.～3. グー チョキ パー で　グー チョキ パー で　なに つく ろう　なに つく ろう

みぎて が チョキ で　ひだり ても チョキ で　かに さん　かに さん
みぎて が パー で　ひだり ても パー で　ちょう ちょ　ちょう ちょ
みぎて が チョキ で　ひだり てが グー で　かた つむ り　かた つむ り

● 次ページに、『グーチョキパーでなにつくろう』の保育につながる情報がいっぱい！ ➡

保育の 遊び・生活 の中で どんどん 広がる！ もっと 使える！

遊び・生活のいろんな場面でいつも楽しむ定番にしていると子どもたちの「ワクワク」につながります。

❽ **グーチョキパーでなにつくろう**のいろいろアレンジなど　❶❷…の番号は、前ページを参照してください。

何ができるの！
…どんどん広がるグーチョキパー！

グーチョキパーの手を組み合わせると、ほかにもいっぱいいろんなものができます。それぞれのイメージに合わせて、右手と左手をうまく組み合わせて形を作って遊びましょう。

❸ みぎてがグーで
❹ ひだりてもグーで
❺ 雪だるま　雪だるま
…グーを重ねる。

❸ みぎてがグーで
❹ ひだりてもグーで
❺ てんぐさん　てんぐさん
…鼻にグーを重ねる。

❸ みぎてがグーで
❹ ひだりてもグーで
❺ でべそ　でべそ
…おなかにグーを重ねる。

❸ みぎてがパーで
❹ ひだりてもパーで
❺ ペンギンさん　ペンギンさん
…両手を体側に付ける。

❸ みぎてがパーで
❹ ひだりてもパーで
❺ お花　お花
…両手で花の形を作る。

❸ みぎてがパーで
❹ ひだりてもパーで
❺ ことり　ことり
…両手を横に広げて、揺らす。

❸ みぎてがパーで
❹ ひだりてもパーで
❺ ウサギさん　ウサギさん
…両手を上にあげる。

❸ みぎてがチョキで
❹ ひだりてもチョキで
❺ ザリガニさん　ザリガニさん
…両手を上にあげる。

保育力up！
保育者が子どもの前でするときは、左右逆にして、子どもたちにわかりやすくお手本を示しましょう。

❽ グーチョキパーでなにつくろう のいろいろアレンジなど

③ みぎてがグーで
④ ひだりてがパーで
⑤ 目玉焼き　目玉焼き
　…パーの上にグーを乗せる。

③ みぎてがパーで
④ ひだりてがグーで
⑤ ヘリコプター　ヘリコプター
　…グーの上のパーを乗せる。

③ みぎてがパーで
④ ひだりてがグーで
⑤ きのこ　きのこ
　…グーの上にパーをかぶせる。

③ みぎてがパーで
④ ひだりてがグーで
⑤ クラゲ　クラゲ
　…グーの下にパーを付ける。

③ みぎてがチョキで
④ ひだりてがパーで
⑤ ブランコ　ブランコ
　…パーの下にチョキを付けて、揺らす。

子どもの気持ち・姿に寄り添う

小さな子どもにとって、チョキは難しい動作ですが、そのつもりで出しています。どんな形でも、楽しんでいればOK！
「あ、〇〇ができたね！」と認め、いっしょに楽しみましょう。

「ブランコができたね！」
「いっしょうけんめいチョキをつくっているわ」
「ユラユラ」

子どもが好きな手遊び ❾

年齢の目安 1 2 **3 4 5** 歳児

おてらのおしょうさん

「せっせっせ〜のよいよいよい」で始まるわらべうたの手遊びです。昔から伝わる日本の伝承歌を大切にしながら楽しみ、ジャンケン遊びへと発展していくといいですね。

基本の遊び方

❶ せっせっせーのよいよいよい 
両手をつなぎ、リズムに合わせて両手を上下に振る。

❷-Ⓐ お 
拍手を1回する。

❷-Ⓑ て 
お互いの右手（左手）のひらを打ち合わせる。

❷-Ⓒ ら 
拍手を1回する。

❷-Ⓓ の 
お互いの左手（右手）のひらを打ち合わせる。

❸ Ⓐお Ⓑしょう Ⓒさん Ⓓが
❹ Ⓐか Ⓑぼ　 Ⓒちゃ Ⓓの
❺ Ⓐた Ⓑね　 Ⓒを　 Ⓓー
❻ Ⓐま Ⓑき　 Ⓒま　 Ⓓし

❷のⒶ〜Ⓓを4回繰り返す。

❼ た 
お互いの両手のひらを打ち合わせる。

❽ めがでて 
自分の両手を合わせる。

❾ ふくらんで 
両手の甲を左右に膨らませる。

❾ おてらのおしょうさん

❿ はながさいたら
指先を離す。

⓫ ジャンケン
かいぐりをする。

⓬ ポン
ジャンケンをする。

先輩保育者 現場からひとこと
子どもも大スキ！定番の動きはココ！

相手との楽しいコミュニケーションタッチが魅力です。繰り返し遊びながら、次第にスピードアップして白熱します。わらべうた独特の口調や動作に関心を持てるようにしましょう。

おてらのおしょうさん

わらべうた

せっ せっ せー の よい よい よい おてらの
おしょうさんが かぼちゃの たね
を まきました めがでて
ふくらんで はながさいたら ジャンケン ポン （あいこで しょ）

● 次ページに、『おてらのおしょうさん』の保育につながる情報がいっぱい！

保育の 遊び・生活の 中で どんどん 広がる！ もっと 使える！

遊び・生活のいろんな場面でいつも楽しむ定番にしていると子どもたちの「ワクワク」につながります。

❾ おてらのおしょうさん のいろいろアレンジなど

❶❷…の番号は、前ページを参照してください。

大人数で『せっせっせ』にチャレンジ！ クラス全員が輪になって、全身を使ってするのは楽しくて豪快です。いつもの保育ではもちろん、保育参観やイベントなど、たくさん人が集まったときなどにすると場が和みます。大人も子どもも入り混じってダイナミックにやりましょう！

みんなでやろう！
…ダイナミックな友達の輪

❶ せっせっせーのよいよいよい

輪になり、手をつないで揺らす。

❷～❻ おてらのおしょうさんがかぼちゃのたねをまきました

自分の手をたたく。隣の子の手をたたく。を繰り返す。

❽ めがでて

しゃがんで、頭の上で両手を合わせ、立ち上がる。

❾ ふくらんで

両手で輪を作る。

❿ はながさいたら

両手を開いて伸ばす。

⓫ ジャンケン

かいぐりをする。

⓬ ポン

保育者とジャンケンをする。

❾ おてらのおしょうさん のいろいろアレンジなど

変わりジャンケン
…混乱しないでできるかな？

最後⓬「ポン」のジャンケンを、顔でしたり、体全身でしたりすると、ジャンケン自体が楽しい遊びになります。

顔でジャンケン グーチョキパーの表情をオーバーにします。

- グー：ほほを膨らませる。 
- チョキ：口をとがらせる。 
- パー：大きく口を開けて驚いた顔をする。

全身でジャンケン できるだけオーバーアクションにして決めるのがポイントです。

- グー：しゃがんで小さくなる。 
- チョキ：両手、両足を前後にずらす。 
- パー：大の字になる。

保育力up!
ほかにも、楽しいジャンケンを考えてみましょう。P.74「ジャンケンバリエーション」も参照してください。

ジャンケン前をちょこっと変えて
…違った動きで楽しさアップ

⓫「ジャンケン」のかいぐりの動作を、いろいろ楽しい動作に変えてやってみましょう。

- ひとさし指かいぐり 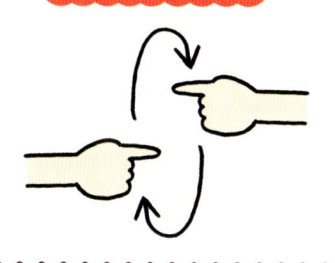
- 機関車回し 
- ワイパー動き

♪ **子どもが好きな手遊び ❿**　年齢の目安　**1 2 3 4 5** 歳児 ♪

バスにのって

乗り物大好きな子どもたちが喜ぶ手遊びです。園外保育前日の導入や、当日、実際の現場で行なうと、遠足の楽しさも倍増しますよ。

基本の遊び方

1番

❶ バスにのって ゆられてる 
ハンドルを握って体を揺らす。

❷ ゴー！ ゴー！ 
片手のこぶしを2回高くあげる。

❸ バスにのって ゆられてる

❹ ゴー！ ゴー！
❶❷を繰り返す。

❺ そろそろ みぎに まがります
❶と同じ。

❻ 3・2・1 
カウントダウンをする。

❼ ギィ～ 
体を右に傾ける。

2番　❶～❹は 1番 と同じ。

❺ そろそろ ひだりに まがります
❻ 3・2・1
1番 の❻と同じ。
❼ ギィ～ 
体を左に傾ける。

3番　❶～❹は 1番 と同じ。

❺ そろそろ でこぼこみちです
❻ 3・2・1
1番 の❻と同じ。
❼ わあ～あ～ 
体を激しく揺らす。

4番　❶～❹は 1番 と同じ。

❺ そろそろ とまります
❻ 3・2・1
1番 の❻と同じ。
❼ ギィ～ とうちゃく 
体を少し反らせて、ブレーキが掛かったようにする。

⑩ バスにのって

先輩保育者から ひとこと

子どもも大スキ！定番の動きはココ！

- 運転士とお客の2役を経験できます。
- ❷「ゴー！ゴー！」は元気いっぱい！子どもたちは文句なしに大好きです。
- ❸「そろそろみぎに…」や「でこぼこみちです…」のところは、少しオーバーぎみに保育者がお手本を示すと、子どもたちはさらに楽しくなります。

バスにのって

作詞・作曲：谷口國博

バスに のーって ゆられてる ゴー！ゴー！ バスに のーって ゆられてる ゴー！ゴー！

そろそろみぎに まがります すー
そろそろひだりに まがります すー
そろそろでこぼこみちです すー
そろそろとまります

1.2.3. ギィー ギィー
　　　 ギィー
　　　 わあ〜あ〜

3 2 1   1   とうちゃく
3 2 1
3 2 2
3 2

● 次ページに、『バスにのって』の保育につながる情報がいっぱい！

保育の 遊び・生活 の中で どんどん 広がる！ もっと 使える！

遊び・生活のいろんな場面でいつも楽しむ定番にしていると子どもたちの「ワクワク」につながります。

⑩ バスにのって のいろいろアレンジなど

❶❷…の番号は、前ページを参照してください。

保護者（保育者・大人）はイスに座り、ひざの上に子どもを乗せます。子どもが運転士になってハンドル操作をしながら、❺「そろそろみぎにまがります」❼「ギィ〜」のところを、それぞれいろんな状況に合わせて動かしながら、子どもとドライブを楽しみます。

親子でゴー！ゴー！
…おひざの上でワクワクドライブ

❺ そろそろ クネクネ道です
❻ 3・2・1
❼ クネクネクネ …左右に揺れる。

❺ 前からオートバイ
❻ 3・2・1
❼ ギィ〜 …さっとよけるしぐさをする。

❺ そろそろ 大きなカーブです
❻ 3・2・1
❼ グ〜ン …大きく傾ける。

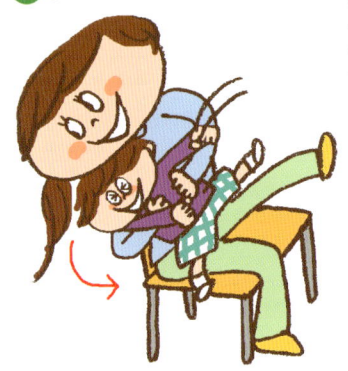

❺ そろそろ のぼり坂です
❻ 3・2・1
❼ グィ〜ン …おしりをずらして後ろに傾ける。

❺ そろそろ くだり坂です
❻ 3・2・1
❼ グィ〜ン …前に傾ける。

子どもの気持ち・姿に寄り添う

小さな子どもは、少し揺らすだけでも大満足です。保護者のひざに乗っていることが最大の喜びです。

⑩ バスにのって のいろいろアレンジなど

動物園や山など目的地を想像して、その道中を『バスごっこ』で楽しみます。運転士とお客は交替します。目的地で遠足ごっこに発展していっても楽しいですね。

バスで遠足、どこまで行くの？
…目的地目ざしてゴー！ゴー！

♪みぎに まがりま～す！

まちがった

おっとっと

保育力up!
運転士になるのが特にうれしい遊びです。運転士は、イスにザブトンを敷いたり、帽子をかぶったりするなどして特別感を出してもいいですね。

子どもが好きな手遊び ⑪　年齢の目安 1 2 **3 4 5** 歳児

おべんとうばこのうた

園外保育やお弁当の前などにすると話しも弾みます。「お弁当の中身は？　どんな物が好きかな？」
歌った後は、楽しいお弁当の時間を過ごせることまちがいなしの手遊びです。

基本の遊び方

① これっくらいの おべんとばこに 
両手のひとさし指で、お弁当箱の形を2回描く。

② おにぎり おにぎり 
おにぎりを握るしぐさをする。

③ ちょいと つめて 
おにぎりをお弁当に詰めるしぐさをする。

④ きざみしょうがに 
左手をまな板、右手を包丁に見たて、切るしぐさをする

⑤ ごましおふって 
両手でごま塩を振りかけるしぐさをする。

⑥ にんじん さん  
両手のひとさし指と中指を立てて、次に薬指も立てる。

⑦ さくらんぼ さん 
両手を開いて「3」を出し、⑥と同様に「3」を出す。

⑧ しいたけ さん 
両手を開いて「4」を出し、⑥と同様に「3」を出す。

⑨ ごぼう さん 
両手を開いて「5」を出し、⑥と同様に「3」を出す。

⑩ あなのあいた 
両手のひとさし指と親指で丸を作り、目に当てる。

⑪ おべんとうばこのうた

⑪ れんこん さん
⑩を胸の前までおろし、⑥と同様に「3」を出す。

⑫ すじのとおった
左手で、右手首から肩までなで、口の辺りまで持っていく。

⑬ ふー
左手を口に当てて「ふーっ」と吹く。

⑭ き
最後に1回手をたたく。

先輩保育者 現場からひとこと
タミちゃん先生 サクちゃん先生

子どもも 大スキ！ 定番の動きはココ！

⑩「あなのあいた」の動きが楽しい遊びです。のぞき込むような動作を大げさにしましょう。
⑬⑭「ふーき」のポーズも大喜びでします。
だれのお弁当かによって声のトーンを変えたり、速度を変えてみたりしましょう。お弁当の時間がグンと楽しくなりそうですね。

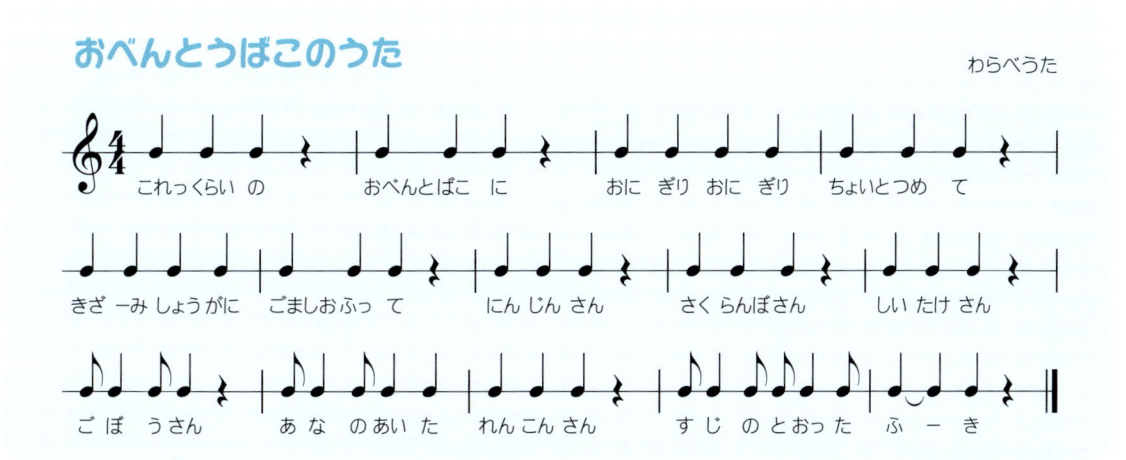

おべんとうばこのうた
わらべうた

これっくらい の　おべんとばこ に　おに ぎり おに ぎり ちょいとつめ て

きざ ーみ しょうがに　ごましおふっ て　にんじん さん　さく らんぼさん　しい たけ さん

ごぼ うさん　あな のあいた　れんこん さん　すじ のとおった　ふ ー き

● 次ページに、『おべんとうばこのうた』の保育につながる情報がいっぱい！➡

保育の 遊び・生活の 中で どんどん 広がる！もっと 使える！

遊び・生活のいろんな場面でいつも楽しむ定番にしていると子どもたちの「ワクワク」につながります。

⓫ おべんとうばこのうた のいろいろアレンジなど

❶❷…の番号は、前ページを参照してください。

❶「これっくらいのおべんとばこに」のところを、動物のお弁当箱を想像して作ってみましょう。それぞれの動物のイメージによって、大きさや形が変わるので、子どもたちはおおはしゃぎです。

動物さんのおべんとうばこ
…大きい、小さい、どんな形？

どんな動物のお弁当箱を作ってみようかな

❶ リスさんの おべんとばこに
ちーさい

❶ キリンさんの おべんとばこに
なが〜い

❶ ヘビさんの おべんとばこに
なが〜い 

❶ パンダさんの おべんとばこに
まーるい 

❶ おとうさんの おべんとばこに
おとうさん

子どもの発想力を引き出す
アリやクジラといったユニークなお弁当箱が出てきてもOK！家族や友達のお弁当を作る子がいてもいいですね。子どもの自由な発想を認めて楽しみましょう。「だれかに作ってあげたい！」というあたたかい気持ちを大切にしたいですね。

❶ ウサギさんの おべんとばこに
♪ウサギさんのっ！おべんとばこにっ！おにぎり おにぎり ちょっとつめてっ！
はずむように
ピョンピョン

❶ カメさんの おべんとばこに
♪カァ〜メ〜さ〜んの〜
ゆ〜っくり

保育力up！ 動物の特徴に合わせて、テンポや声のトーンを変えて歌ってみても楽しいですね。

⑪ おべんとうばこのうた のいろいろアレンジなど

おべんとうばこに何入れよう？
…大好物は何かな？

❷「おにぎりおにぎり」のところに、動物たちの好物をイメージして詰めましょう。動物の特徴や入れるものによって動作の変化も楽しめますよ。

動物さんたちはみんな、何が好きかな？

❶ リスさんの おべんとばこに
❷ ドングリ ドングリ
両手で小さな輪を作り、左右揺らす。
❸ ちょっと つめて

❶ パンダさんの おべんとばこに
❷ ササササ ササササ
手をしなやかに揺らす。
❸ サッと つめて

❶ サルさんの おべんとばこに
❷ バーナナ バーナナ
バナナの皮をむくしぐさをする。
❸ ちょっと つめて

子どもの発想力を引き出す
ほかにもサンドイッチやおでんなど、好きな食べ物を詰めて遊んでも楽しいですね。

いただきます！ ごちそうさま！
…楽しみながら身につけよう！

お弁当ができ上がったら手を合わせて「いただきます」、食べるしぐさをして、食べ終わったら「ごちそうさまでした」を言います。動物の鳴きマネを加えても大盛り上がり！

♪ふーき
いただきます
ポン
いただきます
ムシャ ムシャ
ごちそうさまでした
ポン
パオー

保育力up! 遊びの中で楽しみながら、食事の前・食後の後のあいさつを意識して、その習慣を身につけていけるといいですね。

子どもが好きな手遊び ⑫

年齢の目安 ① 2 ③ ④ ⑤ 歳児

ピクニック

子どもの大好きな食べ物がいっぱい出てくる手遊びです。
おいしい味をイメージして、それぞれの食べる動作を存分に楽しみましょう。

基本の遊び方

❶ 1と5で
右手で1本、左手で5本の指を出す。

❷ たこやきたべて
つまようじに刺したたこ焼きを食べるしぐさをする。

❸ 2と5で
右手で2本、左手で5本の指を出す。

❹ ヤキソバたべて
右手をはしにして、焼きそばを食べるしぐさをする。

❺ 3と5で
右手で3本、左手で5本の指を出す。

❻ スパゲティたべて
右手をフォークにして、スパゲティを食べるしぐさをする。

❼ 4と5で
右手で4本、左手で5本の指を出す。

❽ ケーキをたべて
右手をナイフにして、ケーキを切るしぐさをする。

❾ 5と5で
両手の指5本出す。

⑫ ピクニック

⑩ おにぎりつくって ピクニック

おにぎりを握るしぐさをする。

⑪ ヤッ！

こぶしを元気良くあげる。

先輩保育者 現場からひとこと
子どもも大スキ！定番の動きはココ！

子どもたちは食べ物をイメージするのが大好きです。右手の指が増えるたびに食べ物が変わっていくのが楽しい遊びです。出てくる道具や作ったり食べたりするしぐさを、おいしそうに、表情豊かに体全体で表現しましょう。全部作ったらピクニックへ出発！ 表現遊びにつなげても楽しいでしょう。
低年齢児には難しいですが、⑪「ヤッ！」だけは、楽しく参加しますよ。

ピクニック

作詞・作曲不詳

1 と 5 で たこやき たべて　2 と 5 で ヤキソバ たべて　3 と 5 で スパゲティ たべて
4 と 5 で ケーキを たべて　5 と 5 で おにぎり つくって　ピク ニック　ヤッ！

● 次ページに、『ピクニック』の保育につながる情報がいっぱい！

保育の 遊び・生活の 中で どんどん 広がる！ もっと 使える！

遊び・生活のいろんな場面で いつも楽しむ定番にしていると 子どもたちの「ワクワク」につながります。

⑫ ピクニック のいろいろアレンジなど

❶❷…の番号は、前ページを参照してください。

食べ物をかえてピクニック
…おいしいものいっぱいだね

❷❹❻❽❿の食べ物を替えて歌ってみましょう。

❶ 1と5で
❷ だんごをたべて

右手を串にして、だんごを食べるしぐさをする。

❸ 2と5で
❹ ラーメンたべて

右手をおはしにして、ラーメンを食べるしぐさをする。

❺ 3と5で
❻ グラタンたべて

右手をフォークにして、グラタンを食べるしぐさをする。

❼ 4と5で
❽ カレーライスたべて

右手をスプーンにして、カレーライスを食べるしぐさをする。

❾ 5と5で
❿ おはぎをつくって ピクニック

両手でおはぎを握るしぐさをする。

⓫ ヤッ！

こぶしを元気良くあげる。

保育力up! 「食べ物を大きくするよ」「小さくするよ」など、しぐさに変化をつけても楽しいですね。最後は、好きな掛け声で元気良くピクニックに出発しましょう。

⑫ ピクニック のいろいろアレンジなど

『ピクニック』の手遊びを楽しんだ後は、ピクニックへ出発！ごっこ遊びにつなげていきましょう。行き先の相談や道中での楽しい場面をみんなでイメージしたり、本書の手遊びを交えたりして楽しみましょう。

ピクニックに出発！
…ごっこ遊びにつなげよう！

遊び方
① 『ピクニック』(P.48〜49)の手遊びをして、ピクニックに出発します。
② 大型積み木やイスに座って『バスにのって』(P.40〜43)の手遊びをします。
③ 目的地に着いたら、『おおきなくりのきのしたで』(P.20〜23)などの手遊びをしたり、『おべんとばこのうた』(P.44〜47)の手遊びをして、お弁当を食べたりして遊びます。
④ 帰りは、舟に乗る設定で、『いとまき』(P.4〜5)のメロディで歌うなどして、ボートをこぐしぐさをします。

「ピクニックへ、しゅっぱ〜っ！」

「まずはバスに乗りましょ〜」
♪バスにのってゆられてる ゴーゴー！

「わぁー 大きなクリがあるところに着きましたよ〜！」
♪おおきなくりの きのしたで

「おなかすいたね！お弁当を食べましょう！」
♪これっくらいの おべんとばこに

「帰りはふねに乗ります！」
♪ふねこげこげ

保育力up！
ふだんの保育で楽しむだけではなく、遠足の前後にすると、子どものワクワクがさらに増します。保育参観などで、保護者といっしょにするのもいいですね。

51

カレーライスのうた

♪ 子どもが好きな手遊び ⑬　年齢の目安 １２３４５歳児 ♪

子どもたちの大好きなカレーライス！　歌いながらおいしいカレーライスができていきます。
でき上がったら食べられるのもうれしいですね。元気と食欲がわいてくる手遊びです。

基本の遊び方

1番

① にんじん 
両手でVサインをする。

② たまねぎ 
両手を合わせて膨らませ、タマネギの形を作る。

③ じゃがいも 
両手をグーにして、軽く頭をたたく。

④ ぶたにく 
ひとさし指で鼻を上にあげる。

⑤ おなべで 
両手で円を作っておなべの形にする。

⑥ いためて 
片手で炒める動作をする。

⑦ ぐつぐつ にましょう
⑧ (アッチッチッチッチッ) 
両手を上に向けて、グーパーの動作を交互にする。

2番

① おしお 
両手で塩を振りかけるしぐさをする。

② カレールー 
カレールーの形を作る。

③ いれたら　④ あじみて 
右手のひとさし指でなめるしぐさをする。

⑤ こしょうを　⑥ いれたら 
コショウのびんを振るしぐさをする。

⑦ はいできあがり 
拍手をする。

⓭ カレーライスのうた

8 (どーぞ) 
両手を前に出し、カレーを出すしぐさをする。

3番
1 ムシャムシャ
2 モグモグ  
左手をお皿、右手をスプーンにして食べるしぐさをする。

3 おみずも
4 ゴクゴク 
右手でコップを持って、水を飲むしぐさをする。

5 そしたら **6** ちからが
7 もりもり わいてきた
8 (ポーズ) 
ガッツポーズで左右の腕を交互に上下に動かす。

先輩保育者　現場からひとこと
子どもも大スキ！定番の動きはココ！

7「ぐつぐつ～」の動作を、強火で煮ているように、動きを大きくすると盛り上がります。保育者はリーダーになって、先に**1**「にんじん」と歌い、休符で子どもが「にんじん」と追いかけて歌うのも楽しいですね。
カレーライスを作ることが楽しくてしかたがないといった雰囲気を、少しオーバーぎみに表現するといいですね。

カレーライスのうた
作詞：ともろぎゆきお　作曲：峯 陽

1. に んじん　た まねぎ　じゃ がいも　ぶ たにく　お こそ
2. お しお　カ レールー　い れたら　あ じみて　お
3. ム シャムシャ　モ グモグ　お みずも　ゴ クゴク

な べで　い ためて　ぐ つぐつにま　しょう (アッチッチッチッチッ)
しょ うを　い ちか　はい でき あがっ　た (どーぞ)
し　　　た　　ら　も り もりわいてき　た (ポーズ)

● 次ページに、『カレーライスのうた』の保育につながる情報がいっぱい！➡

保育の 遊び・生活の 中で どんどん 広がる！もっと 使える！

遊び・生活のいろんな場面でいつも楽しむ定番にしていると子どもたちの「ワクワク」につながります。

⓭ カレーライスのうた のいろいろアレンジなど

❶❷…の番号は、前ページを参照してください。

豚汁を作ってみよう！
…いろんな具が出てくるよ！

カレーライスを豚汁に変えた手遊びです。具の材料は、地域によっても異なるのでアレンジ自由！ ご当地豚汁に挑戦しても楽しいですね。

1番 ❶ にんじん　❷ じゃがいも　❸ ぶたにく　❹ ごぼう

❺ おなべに　❻ いれて　❼ ぐつぐつ にましょう　❽ （アッチッチッチッチッ）

2番 ❶ おだしと　❷ おみそ　❸ いれたら　❹ あじみて　❺ おしょうゆ　❻ いれたら　❼ はいできあがり

❽ （どうぞ）　**3番** は、P.53と同じ。

子どもの発想力を引き出す

シチューやおでん、ちゃんこなべなども作ってみましょう。

ペープサートやパネルシアターでやってみよう！
…具体的に見えて楽しさ倍増！

材料などいろいろなパーツを絵で見せながらできるので、内容がよくわかります。

⓭ カレーライスのうた のいろいろアレンジなど

みんなで作ろう！元気なべ
…大きな なべで一体感！

元気の出る大きなおなべをみんなで作りましょう。好きなものばかりではなく、元気になる食材をみんなで考えるところから始めましょう。

遊び方

① 子どもたちはそれぞれの食材のお面を付けます。
② 『カレーライスのうた』（P.52～53）の歌に合わせて、材料が次々おなべの中へ入って行きます。
③ 1番 ❼「ぐつぐつにましょう」 2番 ❼「はいできあがり」 3番 ❻ ❼「ちからがもりもりわいてきた」のところは、みんなで歌いながら、思い思いの動きやポーズを決めて楽しみます。

保育力up!

事前に、元気の出る食べ物や食材などを話し合ったり、食材のお面のパーツを描いたりする活動をしてもOK。好き嫌いせず、何でも食べると元気になることも伝えておくといいですね。

準備すること

● 食材のお面
色画用紙や輪ゴムなどを使ってお面を作り、食材のパーツをはり付けておく。

● おなべ
保育室やホールなどの広い場所に、ビニールテープをはって大きななべを作る。

子どもの発想力を引き出す

グループに分かれ、子どもたちがそれぞれいろんなおなべを考えてもいいですね。グループでお互いに発表し合うと、いろんな発想を知り、認め合うよい経験になります。

保育力up!

保育参観などでもやってみましょう。歌が終わったら、お母さんやお父さんたちに食べてもらって「おいしいね！」って言ってもらうと、子どもは大喜びします。

子どもが好きな手遊び 14

年齢の目安 1 2 **3 4 5** 歳児

おちたおちた

掛け合いが楽しい手遊びです。たくさんの人たちが集まる会などで歌うと大盛り上がりが期待できそうです。

基本の遊び方

1番
① (保育者) おちたおちた
② (子ども) なにがおちた
③ (保育者) りんごがおちた

♪おちた おちた
♪なにが おちた
♪りんごが おちたー！

掛け合いで歌う。

④ アッ！

アッ！

すばやく両手を出し、リンゴを受け止めるしぐさをする。

2番 ①②は1番と同じ。
③ (保育者) てんじょうがおちた

♪おーちた おちた
♪なにが おちた
♪てんじょうが おちたー！

掛け合いで歌う。

④ アッ！

アッ！

すばやく両手を上げ、天井を支えるしぐさをする。

⑭ おちたおちた

3番 ❶❷は **1番** と同じ。

❸（保育者）かみなりさまがおちた

♪おちた おちた〜
♪なにが おちた
♪かみなりさまが おちた〜

掛け合いで歌う。

❹ アッ！

アッ！

パッと両手でおへそを押さえる。

先輩保育者 現場からひとこと
子どもも大スキ！ 定番の動きはココ！

❹「アッ！」で、すばやく動くところが、子どもは大好きです。❶「おちたおちた」と保育者は平常心で問いかけ、❷「なにがおちた」にこたえる❸「○○がおちた」には、それぞれ驚きの表情を表しましょう。前後の表現のギャップが大きければ大きいほど盛り上がります。

♪おちた おちた…
♪てんじょうが おちた—！！
てんじょう…

おちたおちた
わらべうた

1. お ち た お ち た　な に が お ち た　り ん ー ご ー が　お ち た　アッ！
2. お ち た お ち た　な に が お ち た　て んー じょう が　お ち た　アッ！
3. お ち た お ち た　な に が お ち た　かみなりさまが　お ち た　アッ！

●次ページに、『おちたおちた』の保育につながる情報がいっぱい！➡

57

保育の 遊び・生活の 中で どんどん 広がる！ もっと 使える！

遊び・生活のいろんな場面でいつも楽しむ定番にしていると子どもたちの「ワクワク」につながります。

14 おちたおちた のいろいろアレンジなど

❶❷…の番号は、前ページを参照してください。

何が落ちてくるかな？ Part.I
…定番の3通りの動き、さぁどれ？

遊び方
① 1番〜3番の3通りある ❹「アッ！」の動作に当てはまるものを考えて決めます。
② 保育者が言ったものと、決めた動作を間違わずにします。

両手で受け止められるもの
1番の ❹ と同様に、「アッ！」と言って、すばやく両手を出し、受け止める動作をする。

❸「○○○がおちた」のところを、いろいろなものに置き換えて遊びます。ゲームのように楽しみましょう。

空にあるもの、空から降ってくるもの
2番の ❹ と同様に、「アッ！」と言って、すばやく両手を上げる。

食べすぎたら冷えて、おなかをこわしてしまうもの
3番の ❹ と同様に「アッ！」と言って、パッと両手でおへそを押さえる動作をする。

保育力up！
落ちてくるものを言うとき、早く言ったり、遅らせたり、じらしたりすると、楽しさも倍増。年齢に応じて行ないましょう。

⑭ おちたおちた のいろいろアレンジなど

「大きなホットケーキ」、「お部屋いっぱいのフトン」など変わったものも投げかけてみましょう。保育者がことばがけをしてイメージを広げていきましょう。子どもたちがひとつなって協力していく経験にもつながります。

何が落ちてくるかな？ Part.Ⅱ
…みんなで受け止めよう

♪ おおきなホットケーキが おちた

みんなでまるくなって手をつないで受け止めよう！

保育力up！
具体的な方法をことばがけしましょう。みんなで同じものをイメージして共有することは、共同性につながります。

♪ ふとんが おちた

お部屋いっぱいの大きなふとんが落ちてきたよ！みんなで寝よう！

保育力up！
保育者のことばがけによって子どものイメージがさらに広がります。子どもたちにとって、保育者はいつでもワクワクさせてくれる存在でありたいですね。

59

子どもが好きな手遊び ⑮　年齢の目安 ❶ ❷ ❸ ❹ ❺ 歳児

あなたのおなまえは

友達と仲よくなれるきっかけづくりができる楽しい手遊びです。
新入、進級の「はじめまして」にピッタリの1曲です。

基本の遊び方

❶ あなたのおなまえは 
歌に合わせて手拍子をする。

❷ ○○○「かっやくん」
大人が子どものほおを両手で包みながら名前を呼ぶ。

❸ あなたのおなまえは
❶と同じ。

❹ ○○○「かっやくん」
❷と同じ。

❺ あなたのおなまえは 
手拍子の後で、片手を握ってマイクに見たて、子どもの口元に持って行く。

❻ ○○○「かつや」
子どもが名前をこたえる。

⑮ あなたのおなまえは

❼ あら すてきなおなまえね
手拍子をする。

先輩保育者より 現場からひとこと
子どもも大スキ！定番の動きはココ！

向かい合って名前を呼んでもらうと、とてもうれしい気持ちになります。目を合わせて、やさしく名前を呼びましょう。子どもがこたえて、自分で名前を言うことで、大きな自信へとつながるきっかけにもなるでしょう。

あなたのおなまえは

作詞不詳　インドネシア民謡

あー なたのおなまえは ○○○ あー なたのおなまえは ○○○
あー なたのおなまえ は○○○ あら すてきなおなまえ ね

● 次ページに、『あなたのおなまえは』の保育につながる情報がいっぱい！　➡

61

保育の 遊び・生活 の中で どんどん 広がる！ もっと 使える！

遊び・生活のいろんな場面でいつも楽しむ定番にしていると子どもたちの「ワクワク」につながります。

⓯ あなたのおなまえは のいろいろアレンジなど

❶❷…の番号は、前ページを参照してください。

はじめましてよろしくね！
…子ども同士で名前を言い合おう！

子ども同士で対面して歌っていきます。まずは向かいの子と、次は隣の子と、など交替しながら、なるべくたくさんの友達と出会えるようにしましょう。

♪あ〜なたのおなまえは
しゅん
ゆうた
きょうこ！
なお

♪あら すてきな おなまえね
パチパチパチ

子どもの気持ち・姿に寄り添う
自分の名前を言うことに緊張する子も、マイクを差し出すしぐさをすることで言いやすくなります。

今日も楽しく遊ぼうね！
…子どもに触れながら、ようすを把握

朝の始まりに、保育者から向かい合って名前を呼ばれると、子どもは安心します。「今日も1日楽しく遊ぼうね！」の気持ちを込めて歌いましょう。

元気がないわね ほんの少し 熱っぽいかな？
♪あなたのおなまえはけんとくん！

注意してようすを見なきゃね
♪あら すてきなおなまえね
今日は何して遊ぼうかな？
えっとね…

保育力up！
朝の出欠調べのときなどは、子どもに直接触れながらしましょう。保育者は、子どものその日のきげんや体調などをよく見ながら、ひとりひとりの子どもに合ったことばがけをしましょう。

⑮ あなたのおなまえは のいろいろアレンジなど

誕生会などの機会にもピッタリです。誕生日は特別な日。みんなの前で名前を言えるのも成長した証。盛り上げる楽しい小道具なども用意できるといいですね。

今日の主役は○○ちゃん
…誕生会でおめでとう！

♪あ～なたの おなまえは

あきら

いいお名前つけてもらったね 大きくなったら何になりたいですか？

ヒーローになりたい！

♪あら すてきな おなまえね

子どもの気持ち・姿に寄り添う

みんなに注目される舞台でも、この歌をうたうと、緊張が少しほぐれて話しやすくなるようです。「すてきなおなまえね」と、みんなで歌うと、保護者にとってもうれしい誕生会になりますね。

すてきな演出 ちょこっとアイテム

- **王冠** — 色画用紙など
- **ペンダント** — リボン／写真
- **デカマイク** — 段ボール＋色画用紙／新聞紙＋色画用紙／アイスのカップ
- **おもしろマイク** — トイレットペーパーの芯
- **紙吹雪** — 折り紙
- **盛り上げフラワー** — フラワーペーパー

🎵 春… **子どもが好きな手遊び** 年齢の目安 ① ② ③ ④ ⑤ 歳児 🎵

あくしゅでこんにちは

新しく集団生活をスタートする時期に、友達との親近感を高め、慣れ親しむきっかけづくりに最適な手遊びです。

基本の遊び方

1番 ❶ てくてくてくてく あるいてきて

お互いが前に歩いて近づいて行く。

❷ あくしゅで

相手と握手をする。

❸ こんにちは

「こんにちは」と頭を下げる。

❹ ごきげんいかがー

相手の肩に手を掛け、軽くたたく。

2番 ❶ もにゃもにゃもにゃもにゃ おはなしして

口元に両手を付け、相手の顔の前で話をする。

春 あくしゅでこんにちは

❷ あくしゅで

1番 ❷と同じ。

❸ さようなら

「さようなら」と頭を下げる。

❹ またまたあしたー

右手を高く上げ、手を振りながら後ろに下がっていく。

先輩保育者 現場からひとこと

子どもも大スキ！定番の動きはココ！

- 面と向かって握手をするのが照れくさかったりします。円形など隊形を工夫して、友達探しを楽しみましょう。
- 手をつなぎに行くことができない子どもに対しては、保育者が手を引くなど、その子に合わせた援助をさりげなく行なうようにしましょう。

あくしゅでこんにちは

作詞：まど・みちお　作曲：渡辺 茂

1. てくてく　てくてく　あるいて　きて　あくしゅで
2. もにゃもにゃ　もにゃもにゃ　おはなし　して　あくしゅで

こんにちは　ごきげん　いかが
さようなら　またまた　あし　たー

● 次ページに、『あくしゅでこんにちは』の保育につながる情報がいっぱい！

保育の 遊び・生活の 中で どんどん 広がる！ もっと 使える！

遊び・生活のいろんな場面でいつも楽しむ定番にしていると子どもたちの「ワクワク」につながります。

春 あくしゅでこんにちは のいろいろアレンジなど

❶❷…の番号は、前ページを参照してください。

親子でこんにちは！
…ふれあい遊びに！

保育参観など親子でやってみましょう。

♪あくしゅでこんにちは

ギューッとしてこんにちは！
…スキンシップが深まる！

❷のところは抱き締めるとスキンシップが深まります。

ギュー

どんなお話したのかな！
…もっとできるね、親子の会話

❷番の❶「もにゃもにゃ～」では、どんなお話をしたのかや、どんなお話をしてみたいかなどを聞いてみましょう。

♪もにゃもにゃ…おはなしして

♪あくしゅでさようならまたまたあした

お母さんとどんなお話したのかな？

ねー ねー おかあさんのカレーだいすき！っていったの

保育力up！
親子の会話が楽しくなるきっかけづくりになりますね。

66

春 あくしゅでこんにちは のいろいろアレンジなど

いろんな友達と出会って遊んでみましょう。たくさん握手ができるように、円になるなどして工夫しましょう。

みんなでこんにちは！
…仲よしの輪が広がるよ

♪あくしゅで こんにちは

いっしょにしよう！

○○ちゃんが ひとりだよ

ほんとだ！

うん

声かけてあげたのね。えらいね！

子どもの気持ち・姿に寄り添う

積極的にかかわっていけない子や孤立する子がいます。そのときには、周りの子どもがしぜんに声をかけたり、誘ったりできる思いやりや勇気ある行動を、日ごろから認めていきましょう。ひとりぼっちをつくらないクラスづくりが大切ですね。

親子ペアでもこんにちは！
…保護者同士の出会いのきっかけにも

親子ペアになってやってみても楽しいです。子どもを通して、保護者同士の出会いがしぜんにできるようになります。

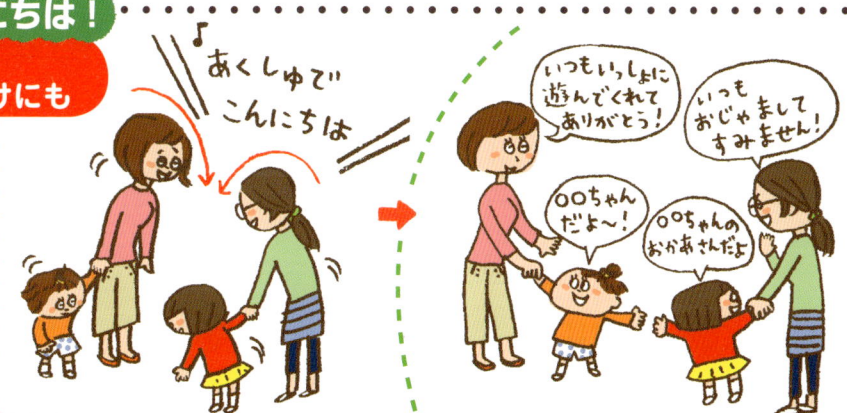

♪あくしゅで こんにちは

いつもいっしょに遊んでくれてありがとう！

いつもおじゃましてすみません！

○○ちゃんだよ〜！

○○ちゃんのおかあさんだよ

夏… 子どもが好きな手遊び

年齢の目安 **1 2 3 4 5** 歳児

すいかのめいさんち

リズムに乗って楽しめ、ハッピーな気分になれる手遊びです。「すいかの めいさんち♪」と繰り返すフレーズがおもしろく、出てくる言葉が理解できなくても楽しめます。

基本の遊び方

1番

① ともだちができた 
2人で肩を組み、左右に揺らす。

② すいかの 
両手で胸の前で合わせて輪を作る。

③ めい 
両手のひとさし指を目の下に当てる。

④ さん 
そのままひとさし指を上に向けて、天（太陽＝SUN）をさす。

⑤ ち 
そのままひとさし指を下に向けて地面をさす。

⑥ なかよしこよし 
①と同じ。

⑦ すいかのめいさんち すいかのめいさんち
②～⑤を2回繰り返す。

⑧ すてきなところよ 
右、左、と手をあげ、左右に揺らす。

⑨ きれいなあのこの 
両手をパーにして、頭の上から小刻みに揺らしながら下げる（カールした髪のまね）。

⑩ はれすがた 
右、左、と胸に手を重ね合わせる。

⑪ すいかのめいさんち
②～⑤を繰り返す。

2番

① こがつのあるひ 
2人で向かい合って手をつなぎ、その手を左右に揺らす。

②～⑤ すいかのめいさんち
1番の②～⑤を繰り返す。

⑥ けっこんしきをあげよう 
2番の①と同じ。

⑦ すいかのめいさんち すいかのめいさんち
1番の②～⑤を繰り返す。

⑦～⑪は**1番**と同じ。

夏 すいかのめいさんち

先輩保育者 現場からひとこと
子どもも大スキ！定番の動きはココ！

❸「め（目）」❹「さん（SUN）」❺「ち（地）」の動き、特に❺「ち」が子どもは大好きです。その意味を最初にわかりやすく話しておくとよいかもしれません。❾「きれいな…」の揺れる振りも大好きです。保育者もリズミカルに歌い、笑顔たっぷりでお手本を示しましょう。

すいかのめいさんち

訳詞：高田三九三　アメリカ民謡

1. ともだちができたひ
2. ごがつのあるひ

すいかのめいさんち

なかよしこよし
けっこんしきをあげよう

すいかのめいさんち

すいかの めいさんち　すてきな ところよ

きれいなあのこの はれすがた　すいかのめいさんち

● 次ページに、『すいかのめいさんち』の保育につながる情報がいっぱい！

保育の 遊び・生活 の 中で どんどん 広がる！ もっと 使える！

遊び・生活のいろんな場面でいつも楽しむ定番にしていると子どもたちの「ワクワク」につながります。

夏 すいかのめいさんち のいろいろアレンジなど

❶❷…の番号は、前ページを参照してください。

「めい、さん、ち！」ゲーム
…ちゃんとできるかな？

『すいかのめいさんち』の手遊びをたくさんした後で、名指しゲームをしてみましょう。いつ自分のチームに回ってくるのかスリル満点！でもそれがワクワクにつながる楽しいゲームです。

遊び方
① 3チームに分かれます。
② 「すいかのめいさんち」の直前に保育者が、チームの名前を言います。
③ 言われたチームは、間違わずに振りの動作をします。

保育力up！
初めは順番に当てていって、慣れてきたらランダムに当てます。状況を見てスピードアップも！

保育力up！
いつ指名されるかわからないドキドキ感と、動作をしたくてたまらないウズウズ感が楽しめます。保育者はじらしたり、フェイントを掛けたりして、ゲームを盛り上げましょう。

夏 すいかのめいさんち のいろいろアレンジなど

大きな動作で「めい、さん、ち」
…全身使って大忙し！

❸❹❺「めいさんち」の部分の振りを大きくします。全身を使ってするので、次の動作への大忙しの動きが楽しめます。

❸ めい 
両手を頭に乗せて、大きな目を作る。

❹ さん 
天を指さしながらジャンプする。

❺ ち 
両手をペタンと地に着けてしゃがむ。

ハッピーにキメポーズ！
…うれしい気持ちを表現

結婚式も出てくるハッピーな手遊びです。❿「はれすがた」では、子どもたちのイメージでカッコイイポーズを取ってみましょう。最後は、仲よしポーズでハイ、チーズ！

♪きれいなあのこの はれすがた

花よめさん　花むこさん

ハイ、チーズ

秋…子どもが好きな手遊び

年齢の目安 1 **2 3 4 5** 歳児

やきいもグーチーパー

秋の味覚、やきいもが出てくる季節感たっぷりの手遊びです。歌っていておなかが"グーッ"って鳴るかも？ ジャンケン遊びがますます楽しくなりますよ。

基本の遊び方

❶ やきいも やきいも 
両手をグーにして、胸の前で左右に振る。

❷ おなかが 
おなかを押さえる。

❸ グー 
グーを前に突き出す。

❹ ほかほかほかほかあちちの 
手のひらを開いたり閉じたりしながら上下に動かす。

❺ チー 
チョキを前に突き出す。

❻ たべたらなくなるなんにも 
手をイモに見たて、左右交互に食べる。

❼ パー 
パーを前に突き出す。

❽ それやきいもまとめて 
手拍子を4回する。

❾ グーチーパー 
グーチョキパーを出す。

秋 やきいもグーチーパー

⑩（⑨のかわりに）ジャンケン
かいぐりをする。

⑪ ポン
ジャンケンをする。

先輩保育者 現場からひとこと
タミちゃん先生 キクちゃん先生

子どもも大スキ！定番の動きはココ！

❹「ほかほかあちち」は表情豊かにしましょう。速度に変化をつけてもいいですね。
繰り返し歌って楽しんだ後は、⑩のジャンケンで勝負！ 勝ちたい気持ちでヒートアップしていきますよ。

やきいもグーチーパー

作詞：阪田寛夫　作曲：山本直純

やき いも やき いも おなかが グー ほかほか ほかほか あちちの チー
たべたら なくなる なんにも パー それ やきいも まとめて グー チー パー
（ジャンケン ポン）

● 次ページに、『やきいもグーチーパー』の保育につながる情報がいっぱい！

保育の 遊び・生活の 中で どんどん 広がる！ もっと 使える！

遊び・生活のいろんな場面でいつも楽しむ定番にしていると子どもたちの「ワクワク」につながります。

秋 やきいもグーチーパー のいろいろアレンジなど

❶❷…の番号は、前ページを参照してください。

ジャンケンバリエーション
…変化をつけて盛り上がろう！

最後のジャンケンが決めどころとなる楽しい遊びです。いろんなジャンケンにチャレンジしてやってみましょう。

ヒーローポーズ腕ジャンケン

子どもが大好きなヒーローのポーズでジャンケン。カッコよくキメたいですね。

グーで腕を付ける。  
チョキで胸の前で交差する。 
パーで両腕を上げる。

フラフライヤよ！ 足ジャンケン

不安定にならず、動作をしっかりキメましょう。

足を閉じる。
足を開く。
片足を上げる。

保育力up!
ほかにも、楽しいジャンケンを発明して試してみましょう。
P.39「変わりジャンケン」も参照してください。

秋 **やきいもグーチーパー** のいろいろアレンジなど

やきいもチャンピオン！
…最後に残るのはだれ？

『やきいもグーチーパー』を歌いながら全員で動き、出会う子ども次々にジャンケン勝負をしていく遊びです。

遊び方
① ジャンケンをして、負けたら座ります。
② 最後まで勝ち続けた子どもがチャンピオンです。

保育力up！
座っている子どもは、いっしょに歌って盛り上げながら、最後の「ジャンケンポン」を元気よく言いましょう。

ごんべさんのあかちゃん

冬…子どもが好きな手遊び　年齢の目安 ①②③④⑤歳児

幅広くみんなに知られている親しみやすい手遊びです。年齢に合わせて、いろいろなバージョンをもたせると盛り上がります。

基本の遊び方

❶ ごんべさんの 
両手でほおかむりをして、あごのところで結ぶしぐさをする。

❷ あかちゃんが 
あかちゃんを抱くしぐさをする。

❸ かぜひいた 
両手を口を押さえる。

❹ ごんべさんの 
❶と同じ。

❺ あかちゃんが 
❷と同じ。

❻ かぜひいた 
❸と同じ。

❼ ごんべさんの 
❶と同じ

❽ あかちゃんが 
❷と同じ。

❾ かぜひいた 
❸と同じ。

冬 ごんべさんのあかちゃん

⑩ そこであわてて
手拍子を4回する。

⑪ しっぷ
右手を胸に当てる。

⑫ した
左手も胸に当てる。

先輩保育者 現場からひとこと
子どもも大スキ！定番の動きはココ！

繰り返しの動作が楽しい遊びです。
テンポを上げると追いつかなくて、「あ～あ」と大笑い。
ゆっくりバージョンも楽しみましょう。
最後にくしゃみ（ハクション！）を入れるのも楽しいですね。

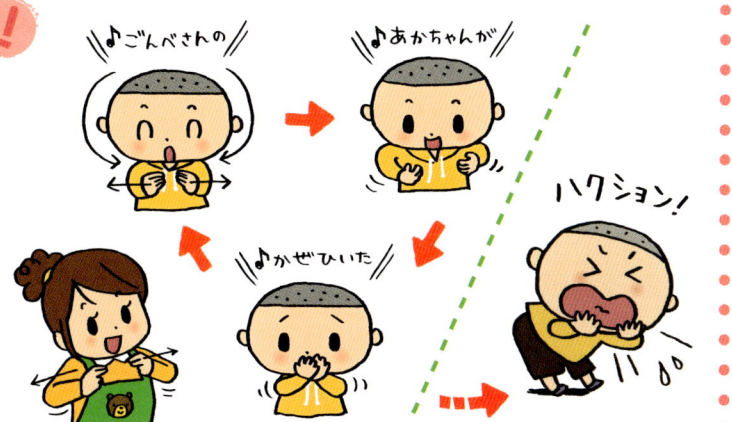

♪ごんべさんの → ♪あかちゃんが → ♪かぜひいた → ハクション！

ごんべさんのあかちゃん

作詞不詳　アメリカ民謡

ごん べさん のあ かちゃんが か ぜひ いた
ごん べさん のあ かちゃんが か ぜひ いた
ごん べさん のあ かちゃんが か ぜひ いた そ こ であ わて て しっ ぷ した

● 次ページに、『ごんべさんのあかちゃん』の保育につながる情報がいっぱい！

保育の 遊び・生活 の 中で どんどん 広がる！ もっと 使える！

遊び・生活のいろんな場面でいつも楽しむ定番にしていると子どもたちの「ワクワク」につながります。

冬 **ごんべさんのあかちゃん** のいろいろアレンジなど　❶❷…の番号は、前ページを参照してください。

間にクシャミを入れよう
…合いの手で盛り上がろう！

歌詞のフレーズの間にクシャミを「合いの手」のように入れると楽しくなりますよ。最初は小さく、だんだん大きくします。最後は、笑顔で終わりましょう。

♪ごんべさんのあかちゃんがかぜひいた　クシャン
♪ごんべさんのあかちゃんがかぜひいた　グション！
♪ごんべさんのあかちゃんがかぜひいた　ビャクション！
♪そこであわててしっぷした　バクショーン！
あ～なおってよかったね！

言ってはダメよ ××ことば！
…思わず言って大笑い！

歌詞の言葉を次々に抜いて歌っていきます。抜いたところはジェスチャーでします。ついつい歌ってしまうところにおもしろさがあります。

❶ ♪ごんべさんの
❷ ♪あかちゃんが
❸ ♪かぜひいた
❹ ♪×××
❺ ♪あかちゃんが
❻ ♪かぜひいた
❼ ♪×××　×××
❽ ♪×××
❾ ♪かぜひいた
❿ ♪×××　×××
⓫ ♪×××　×××
⓬ ♪×××　××

保育力up!　「しっぷ」の意味がわかりにくかったら、「ねんね」にしてもいいですね。

冬 ごんべさんのあかちゃん のいろいろアレンジなど

○○の赤ちゃんがかぜひいた！
…いろんな動物で！

❶「ごんべさんの」の部分を、いろんな動物のあかちゃんに置き換えて歌ってみましょう。動物の大きさや特徴をとらえて、それぞれの❷「あかちゃんが」のだっこするしぐさなども工夫するとよいでしょう。

❶ **ウサギさんの**

両手でウサギの耳を作って、ジャンプする。

❶ **ゴリラさんの**

胸を軽くたたく。

❶ **ヘビさんの**

両手を横を合わせて、クネクネさせる。

❶ **ゾウさんの**

ゾウが鼻を持ち上げるように、片腕を高く上げる。

❶ **カニさんの**

両手チョキのポーズで横歩きする。

❶ **ペンギンさんの**

両手をおしりの横に添えてピョコピョコ歩く。

監修者 **植田　光子** (うえだ・みつこ)

国立音楽大学音楽学部音楽教育学科卒業。
米国ホーリー・ネームズ大学音楽教育学科大学院修士課程修了(M.M.取得)。
大阪国際大学短期大学部幼児保育学科名誉教授。
保育者養成に長年取り組みつつ、保育講演活動や老人保健施設でボランティア活動を行なっている。

著者 **島津　多美子** (しまづ・たみこ)

1949年愛媛県生まれ。
成蹊女子短期大学初等科を卒業後、3年間小学校に勤務。
その後、幼稚園に移り、園長職も経て退職までの37年間幼児教育に携わる。
退職と同時に保育園を開設し、現在に至る。

落岩　喜久子 (おちいわ・きくこ)

1958年大阪府生まれ。
大阪青山短期大学幼児教育科を卒業。
卒業後、幼稚園・保育園などの現場を長年経験し、現在は保育園に勤務。

スタッフ
編集協力・デザイン：太田 吉子
イラスト：イナバマオ・白川美和・たかぎ＊のぶこ・竹内いつみ・常永美弥・円山 恵 (50音順)
楽譜浄書：株式会社福田楽譜
企画編集：長田亜里沙・安藤 憲志
校正：堀田 浩之

保育 知っておきたい！シリーズ②

いつもの手遊びをもっと楽しく

2013年3月　初版発行
2017年7月　8版発行

監修者　植田光子
著　者　島津多美子・落岩喜久子
発行人　岡本 功
発行所　ひかりのくに株式会社
　　　　〒543-0001 大阪市天王寺区上本町3-2-14
　　　　郵便振替 00920-2-118855　TEL.06-6768-1155
　　　　〒175-0082 東京都板橋区高島平6-1-1
　　　　郵便振替 00150-0-30666　TEL.03-3979-3112
　　　　ホームページアドレス　http://www.hikarinokuni.co.jp

印刷所　図書印刷株式会社

©2013　乱丁、落丁はお取り替えいたします。
〈JASRAC 出1302078-708〉

Printed in Japan
ISBN978-4-564-60821-6
NDC376　80P　21×18.2cm

本書のコピー、スキャン、デジタル化等の無断複製は著作権法上での例外を除き禁じられています。本書を代行業者等の第三者に依頼してスキャンやデジタル化することは、たとえ個人や家庭内の利用であっても著作権法上認められません。